JN096483

Brainwaves Books ④
池谷裕二 日本語版監修

いろんな英語が言える・書ける・記憶に残る!

えいごをおぼえるすごいマシン

はじまり、はじまり

さあ、これからはじまるのは、楽しいえいごのレッスンだ!
学校にあるいろんなアイテムをさがして、
えいごで言ったり、スペルを書いたりできるようになろう。

ダイヤモンド社

びじゅつの時間

ああ、げいじゅつってすばらしい。
絵の中から、5つのアイテムをさがしてね。
見つけたら、マシンにスペルを入力しよう!

①  **pencil**
ペンスル
えんぴつ

② **apron**
エイプロン
エプロン

③ **scissors**
ス**イ**ザズ
はさみ

④ **crayon**
クレ**イ**アン
クレヨン

⑤ **glue**
グルー
のり

読書の時間

本を読むのは楽しいな。
絵の中から、5つのアイテムをさがしてね。
見つけたら、マシンにスペルを入力しよう。

①  **books**
ブクス
本（複数）

② 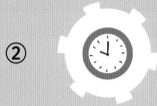 **clock**
クラク
時計

③  **glasses**
グラスィズ
めがね

④ **stool**
ストゥール
いす

⑤  **flowers**
フラウアズ
花（複数）

お昼の時間

さあ、みんなでごはんを食べましょう！
絵の中から、5つのアイテムをさがしてね。
見つけたら、マシンにスペルを入力しよう。

① 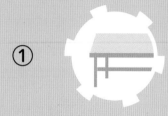 **table**
テイブル
テーブル

②  **banana**
バナナ
バナナ

③  **apple**
アプル
りんご

④  **spoon**
スプーン
スプーン

⑤  **plate**
プレイト
さら

音楽の時間

きみは、どのがっきがすき？
絵の中から、5つのアイテムをさがしてね。
見つけたら、マシンにスペルを入力しよう。

①  **drum**
ドラム
———
ドラム

② **piano**
ピアノゥ
———
ピアノ

③ **trumpet**
トランペット
———
トランペット

④  **notes**
ノウツ
———
おんぷ（複数）

⑤  **radio**
レイディオウ
———
ラジオ

休み時間

さて、何をしてあそぼうかな？
絵の中から、5つのアイテムをさがしてね。
見つけたら、マシンにスペルを入力しよう。

① **backpack**
バ**ク**パク
―――
リュックサック

② **goal**
ゴ**ウ**ル
―――
ゴール

③  **teacher**
ティ**ー**チャ
―――
先生

④ **swing**
ス**ウィ**ング
―――
ぶらんこ

⑤  **ball**
ボール
―――
ボール

スポーツの時間

体をうごかすと、きもちいいね!
絵の中から、5つのアイテムをさがしてね。
見つけたら、マシンにスペルを入力しよう。

①  **shorts**
ショーツ
半ズボン

② **whistle**
ホ**ウィ**スル
ホイッスル

③ **cone**
コウン
三角コーン

④ **racket**
ラケト
ラケット

⑤ **target**
ターゲト
まと